Du CE1 au CE2
7-8 ans

ENQUÊTE
Dauphins en danger

Agnès de Lestrade
autrice

Sylvie Cote
professeure spécialisée des écoles
(exercices et mémo)

Illustré par
Paul Beaupère

Cet ouvrage est conforme à la nouvelle orthographe
www.orthographe-recommandee.info

Nathan

Mode d'emploi

Prêt, prête à lire cette enquête et à résoudre le mystère ?

Attention, dans ce roman pas comme les autres, c'est toi qui fais avancer l'histoire en choisissant les bonnes réponses aux exercices qui jalonnent le récit !

- Au fil de ta lecture, tu vas **résoudre des exercices** (de français, maths, questionner le monde) pour connaitre la suite.
  - Choisis ta réponse et va aux numéros de paragraphe indiqué. Ces numéros 1 ... 8 ... figurent en marge du texte de l'histoire.
  - Si ta réponse est juste, tu peux lire la suite de l'histoire. Si ta réponse est fausse, tu dois refaire l'exercice.
- Tu peux consulter le **mémo** en fin d'ouvrage. Il t'explique la notion abordée dans l'exercice si tu as besoin d'aide.
- N'oublie pas de noter en page 93 les **indices** que tu as récoltés. Il y en a un par chapitre, ils te prouvent que l'enquête avance !
- La **table des matières** en pages 94-95 te permet de connaitre tous les points du programme abordés dans les exercices.

À toi de jouer !
Bonne chance et bonne lecture !

Maquette intérieure : Julie Lannes
Composition : Facompo

1

En route pour les vacances !

1 

– Louis, ça y est ! Je vois le phare de la Conche ! s'écrie Castille en secouant le bras de son cousin.

Louis se réveille en sursaut et aperçoit la mer par la fenêtre de la voiture.

– Hourra ! Nous voilà ! s'exclame-t-il.

– Plus que cinq minutes de patience ! dit leur grand-père en fixant la route qui longe la côte.

Castille et Louis sont pressés d'arriver. Rufus aussi : le chien de la fillette halète bruyamment à ses pieds.

Chaque année, les deux cousins passent le mois d'aout avec leurs grands-parents dans un petit coin de paradis non loin d'Arcachon, nommé la Conche.

– Tu crois que grand-mère nous a fait des crêpes ? demande Castille.

Grand-père sourit. Il pense à la vie trépidante qui l'attend pendant un mois… Peut-être bien plus trépidante encore qu'il ne le croit…

Grand-père se gare sur la place du village.

Les deux enfants jaillissent de la voiture, talonnés par Rufus qui jappe de plaisir. Soudain, une voix au loin crie :
– Castille ! Louis !

Qui appelle les deux cousins ?

Pour le savoir, entoure la bonne réponse.
Castille et Louis passent leurs vacances sur le littoral...

a. méditerranéen
b. atlantique

Si tu as entouré a. → Lis le n° 10.
Si tu as entouré b. → Lis le n° 7.

mémo 21

2

Tu es un as ! Les dauphins sont bien des mammifères car les femelles allaitent leurs petits avec leurs mamelles.

→ Va au n° 4.

3

Faux, le mot « horizontal » est un mot de la même famille qu'« horizon » ! L'horizon est la ligne que tu vois en regardant la mer, celle qui semble séparer le ciel de la terre.

Toutes les lignes parallèles à l'horizon sont également horizontales !

→ Refais l'exercice du n° 7.

4 

– Salut les mioches ! crie un grand garçon depuis une barque en bois.

Justement, c'est Barnabé, un adolescent de quinze ans. Lui aussi vient en vacances à la Conche.

– Salut Barnabé ! répond Louis, très fier de parler à un grand. Qu'est-ce que tu as pêché aujourd'hui ?

– Un mulet, dit Barnabé en brandissant un poisson de la taille d'une truite.

– Tu nous emmèneras avec toi, cette année ? demande Castille avec les yeux qui brillent.

– Bien sûr, moustique ! Et on verra si tu n'as pas oublié mes conseils.

L'an dernier, Barnabé lui avait appris à démarrer le moteur et à conduire la barque.

Castille s'était sentie très grande !

– Ohé ! crie soudain Sophie à l'autre bout de la plage.

La fillette est essoufflée d'avoir couru sur le sable chaud :

– Venez voir ! Il y a... il y a des crocodiles vivants sur la place !

Y a-t-il vraiment des crocodiles sur la place du village ?

C'est effrayant ! Tu en sauras plus si tu résous ce petit problème.

Castille a 7 ans de moins que Barnabé qui a 15 ans.

Quel âge a Castille ?

Trouve l'opération qui convient et donne le résultat.

a. 8 ans   **b.** 22 ans

Si tu as choisi a. → Lis le n° 8.

Si tu as choisi b. → Lis le n° 6.

mémo 13

5

C'est grand-père. Il a l'air fort mécontent.

– Viens embrasser ta grand-mère et mettre un maillot de bain. Allez, dépêche-toi !

Honteuse, Castille se précipite vers sa grand-mère et l'embrasse affectueusement.

– Pardon, grand-mère. Mais, tu sais, j'ai pensé à eux toute l'année !

– Je sais, ma chérie, dit grand-mère en caressant les boucles brunes de sa petite-fille.

Câline et Mystère sont les mascottes de la

Conche depuis cinq ans déjà. Castille se souvient encore du jour où ils se sont échoués devant la maison de ses grands-parents. Elle n'avait que trois ans et c'est elle qui avait donné l'alerte. Les deux dauphins, prisonniers des mailles d'un filet, respiraient encore mais faiblement. Il avait fallu le concours de tous les habitants de la Conche pour les sauver. Sans l'intervention de Romain, un jeune océanographe, les deux cétacés seraient sans doute morts.

Depuis, ils ont été soignés, chouchoutés et apprivoisés.
Après avoir mis leur maillot de bain, Castille et Louis retournent ensemble sur la plage. Le long de la digue, plusieurs canots sont amarrés.
– Il me tarde de partir en mer avec Barnabé, pas toi ? demande la fillette.
– J'en rêve ! répond Louis.

Les enfants auront-ils l'occasion de naviguer cette année ?

Tu le découvriras après avoir résolu cet exercice.
Parmi ces animaux, lesquels sont des mammifères ?

a. les dauphins **b.** les crocodiles

Si tu as sélectionné a. → Lis le n° 2.
Si tu as sélectionné b. → Lis le n° 9.

mémo 18

6

Tu t'es trompé(e) ! Relis bien l'énoncé : Castille a 7 ans de moins, et non pas 7 ans de plus…

→ Refais l'exercice du n° 4.

7

C'est Sophie, la petite voisine. Avec ses deux couettes, elle n'a pas beaucoup changé depuis l'année dernière.

– Sophie ! s'exclame Castille en se jetant dans ses bras.

Amies depuis qu'elles sont petites, les deux fillettes ont passé des heures à papoter pendant que Louis avait le nez dans ses livres.

– Salut, l'intello ! dit Sophie en abaissant la casquette de Louis.

– Tu ne vas pas commencer ! dit Louis en la poussant pour jouer.

Tout à coup, Castille part en courant sous le regard étonné de Sophie et de Louis.

– Qu'est-ce qui lui arrive ? demande Sophie. On vient à peine de se retrouver…

Mais Louis l'interrompt :

– Regarde ! dit-il à la fillette en montrant l'horizon.

Qu'a vu Louis à l'horizon ?

Avant de le découvrir, repasse en rouge les lignes horizontales et en vert les lignes verticales.

a.

b.

c.

d.

Si tu as repassé en rouge les lignes a. et d., et en vert les lignes b. et c. → Lis le n° 11.

Si tu as repassé en rouge les lignes b. et c., et en vert les lignes a. et d. → Lis le n° 3.

mémo 20

8

Bravo ! Tu as choisi de poser une soustraction : 15 – 7 = 8. → Maintenant, va vite lire la suite de l'histoire au chapitre **2**.

9

Faux ! Les crocodiles sont des reptiles : les femelles pondent des œufs et n'ont pas de mamelles pour nourrir leurs petits ! → Recommence l'exercice du n° **5**.

10

Tu t'es trompé(e) ! Pour comprendre, reporte-toi au mémo 21 ! → Refais l'exercice du n° **1**.

11

Castille a rejoint la plage.
– Câline ! Mystère ! hurle-t-elle.
Au loin, on aperçoit deux dauphins. Grand-mère est sur le pas de la porte mais Castille ne la voit pas. Elle est bien trop heureuse de retrouver ses deux protégés.
La fillette court au bord de l'eau. Les dauphins ont senti sa présence. Ils ont rejoint le rivage et

bondissent en éclaboussant Castille, qui éclate de rire.

– Câline, Mystère, murmure-t-elle tendrement en sautant toute habillée dans la mer. Comme vous m'avez manqué !

Elle caresse la nageoire de Mystère et embrasse le museau de Câline.

Soudain, elle est interrompue par une voix autoritaire :

– Dis donc, jeune fille ! En voilà des manières !

Qui interpelle Castille de façon aussi vive ?

Cette voix est très impressionnante ! Pour savoir à qui elle appartient, dépêche-toi de donner l'affirmation exacte.

- Câline et Mystère sont des enfants.
- Câline et Mystère sont des dauphins.

Écris ta réponse :

câline et mystere son des dauphins

C'est ton PREMIER INDICE. N'oublie pas de le noter sur ta page-indices, p. 93.

Maintenant, → Lis le n° 5.

2

« Crocodiles vivants »

1 

– Sur la place du village est installé un gigantesque camion sur lequel on peut lire : « Crocodiles vivants. Frissons garantis. Trois euros la visite. »

– Je n'ai jamais vu de crocodiles ! s'écrie Louis, tout excité. Sauf dans mon encyclopédie sur les animaux sauvages.

Louis aime les livres depuis qu'il est petit. Les filles se moquent souvent de l'air sérieux que lui donnent ses petites lunettes et ses cheveux courts.

Mais Louis s'en fiche. Dans les livres, il vit des aventures bien plus palpitantes que dans la vie.

Les enfants s'approchent et observent le camion. Il est si long qu'il faut marcher un certain temps pour en faire le tour.

– Je me demande où est l'entrée, dit Castille.

Soudain une porte s'ouvre. La fillette pousse un cri.

Qui apparait derrière la porte ?

Si tu veux le savoir, remplace les groupes de mots en bleu par un pronom personnel sujet.

a. il et elles **b.** ils et elle

Si tu as choisi a. → Lis le n° 5.

Si tu as choisi b. → Lis le n° 8.

mémo 3

2 

Non ! Tu as oublié d'additionner la distance du retour !

→ Refais l'exercice du n° 8.

3 

– Voici deux fois trois euros, dit Louis en rajustant ses lunettes.

Et Sophie sort trois euros de sa poche.

– Le compte est bon, la visite peut commencer, dit monsieur Joe.

À l'intérieur du camion, il fait sombre.

– Au début, les enfants ne voient pas grand-chose. Mais peu à peu, leurs yeux s'habituent à la pénombre et ils distinguent de grandes cages en verre.

– Là, sous les feuilles ! Un crocodile ! crie Sophie. Il a les yeux jaunes et des dents pointues !

– Où ça ? demande Louis en se hissant sur la pointe des pieds.

À ce moment-là, l'énorme animal se met à bouger, déplaçant lentement son grand corps couvert d'écailles. Puis il fixe les enfants en ouvrant la gueule.

– Alors, ça vous plait ? demande monsieur Joe.

– Ah ça oui ! s'exclame Castille en scrutant l'intérieur de la cage.

– D'où viennent-ils ? demande Louis.

– D'Australie.

– C'est vous qui les avez capturés ?

Monsieur Joe remonte la manche de son polo.

Pourquoi monsieur Joe montre-t-il son bras ?

Découvre vite la réponse en déchiffrant cette charade.

Mon premier est une note de musique, juste après le *la*.
Mon deuxième est la onzième lettre de l'alphabet.
Mon troisième est la première syllabe du mot « trimestre ».
Mon quatrième est le masculin singulier de « ces ».
Et mon tout se trouve sur le bras de monsieur Joe.

Écris ta réponse :

C'est ton DEUXIÈME INDICE. N'oublie pas de le noter sur ta page-indices, p. 93.

Maintenant, → Lis le n° 7.

4

Il s'agit du 26 aout !

À présent, → Va au chapitre **3**.

5

Faux ! « Les enfants » est au masculin pluriel et « la fillette » au féminin singulier.

→ Retourne vite refaire l'exercice du n° **1**.

6

Bravo ! Tu as fait le bon raisonnement. Le résultat de l'addition est : 562 mètres.

→ Maintenant, rends-toi vite au n° **3**.

7

L'homme dévoile une large cicatrice rouge qui parcourt son bras jusqu'à l'épaule.

– Oui et cette satanée bestiole ne m'a pas loupé !

Dans l'aquarium, les yeux jaunes du crocodile lancent des éclairs.

– Mais maintenant, ils savent qui est le chef. Pas vrai, Lucifer ? dit-il en s'adressant au crocodile.

– Vous leur avez donné des noms ? demande Castille. C'est drôle, à la Conche, nous avons deux dauphins et nous les avons appelés Câline et Mystère.
– En plus, ajoute Louis fièrement, Câline attend des petits !
– Très intéressant, dit monsieur Joe en se caressant le menton. Des petits dauphins ! Et ils doivent naitre quand ?
– Dans quelques jours, dit Castille.
– On fera une grande fête sur la plage !
– On vous invite si vous voulez ! lance Sophie.
– Pas de problème. Surtout, tenez-moi au courant. Pour la naissance, je veux dire.
Les enfants ont terminé la visite. Ils rejoignent la maison en frissonnant ; ces crocodiles sont tout simplement monstrueux.

Les enfants n'ont-ils pas été trop bavards ?

Soyons méfiants ! Pour découvrir la suite de l'histoire, réponds à la question en observant le calendrier ci-dessous.

Aout

16	L	St Armel ●
17	M	St Hyacinthe
18	M	Ste Hélène
19	J	St Jean Eudes
20	V	St Bernard
21	S	St Christophe
22	D	St Fabrice
23	L	Ste Rose de Lima ◐
24	M	St Barthélemy
25	M	St Louis
26	J	Ste Natacha
27	V	Ste Monique
28	S	St Augustin
29	D	Ste Sabine
30	L	St Fiacre ○
31	M	St Aristide

Nous sommes le mercredi 18 aout et les bébés dauphins vont naitre le dernier jeudi du mois d'aout. **Quelle sera leur date de naissance ?**

Jeudi 26 août.

Maintenant, → Lis le n° 4.

mémo 15

8 

– Bonjour les enfants, dit l'homme avec une grosse voix. Je m'appelle monsieur Joe.

Il sourit, laissant apparaitre quatre dents en or.

– Vous voulez visiter ? C'est trois euros.

– Euh… bredouille Castille. On n'a pas d'argent sur nous.

– Je vais en demander à grand-père ! dit Louis.

Et il part en courant, laissant les deux fillettes.

Monsieur Joe sort machinalement de sa poche une boite en fer contenant des cachous et la tend aux enfants.

– J'adore la réglisse, pas vous ?

Castille fait non de la tête. Elle n'est pas très rassurée. Ce monsieur Joe est effrayant avec son air renfrogné et son gros tatouage en forme de serpent sur le bras.

Heureusement, Louis revient avec l'argent.

Les enfants ont-ils raison de faire confiance à cet homme bizarre ?

Pour le savoir, tu dois d'abord résoudre ce problème.

Quelle distance Louis a-t-il parcourue pour aller chercher l'argent chez son grand-père et revenir l'apporter à monsieur Joe ?

Choisis le calcul qui convient et pose l'opération.

a. 187 + 94 = ... mètres

b. 187 + 94 + 94 + 187 = ... mètres

Si tu as choisi a. → Lis le n° 2.
Si tu as choisi b. → Lis le n° 6.

mémo 12

3 Câline a disparu

1 

Le lendemain matin, Castille est la première debout. Elle met un short, un tee-shirt et file sur la plage.

– Câline ! Mystère !

Aucune nageoire en vue.

« C'est bizarre, s'étonne la fillette. D'habitude, ils sont là le matin ! »

– Câline ! Mystère ! crie-t-elle à nouveau.

Toujours rien. Castille a juste réussi à réveiller son cousin.

– Qu'est-ce qui se passe ? demande-t-il d'une voix endormie.

Castille explique alors qu'elle se fait du souci pour leurs deux protégés.

– Je vais demander à Romain s'il les a vus, dit la fillette en s'éloignant.

Romain, le jeune océanographe, habite une petite maison de pêcheur sur la plage.

Il n'a pas vu les dauphins depuis la veille.

– Je vais voir au large. Attends-moi ici.

Et le jeune homme saute dans son canot.

Pendant ce temps, assise sur le sable, Castille imagine le pire.

Qu'a-t-il bien pu arriver aux dauphins ?

Pour le savoir, entoure dans la grille l'infinitif des verbes en bleu dans le texte.

F	A	E	A	I	X	C	Z
A	T	T	E	N	D	R	E
I	W	R	I	Y	C	I	A
R	R	E	T	M	M	E	R
E	P	Q	A	N	O	R	K

Maintenant, → Va au n° 4.

mémo 8

2 

Tu t'es trompé(e) ! Tu as oublié les 30 dernières minutes.

→ Regarde à nouveau les pendules et refais l'exercice du n° 3.

3 

Un quart d'heure plus tard, Romain est de retour, suivi de Mystère qui pousse des cris inhabituels.

– Je l'ai trouvé après la digue ! Mais seul ! Il faut donner l'alerte ! Je crois que Câline a disparu.

Aussitôt, c'est l'effervescence à la Conche.

Les habitants s'organisent pour retrouver la future maman.

– Je fais le tour par la plage, propose la mère de Sophie, une paire de jumelles autour du cou.

– Et si j'appelais la gendarmerie maritime ? suggère grand-père.

– J'alerte tous les bateaux par radio, dit Romain.

Quant à Louis, Castille et Sophie, ils rejoignent la petite place du village à la recherche d'informations inédites.

À la terrasse de l'hôtel de la Plage, les clients n'ont rien vu. Mais ils ont tous un avis sur la question :

– Câline est allée faire ses petits plus loin ! Même apprivoisé, un dauphin est quand même un animal sauvage.

– C'est vrai. Si j'étais à la place de Câline, je m'éloignerais de tout ce monde !

Les enfants se sentent un instant rassurés. Câline reviendra dans quelques jours avec ses petits. Il suffit d'être patient.

Après trois heures de recherches effrénées, les habitants de la Conche vont faire la sieste.

Seule Castille reste debout, le nez collé à la

fenêtre. Câline occupe toutes ses pensées. Et si elle était blessée ou en danger ? Peut-être a-t-elle été enlevée ? Mais par qui ?

À cet instant, une silhouette apparait à l'horizon.

Câline est-elle revenue ?

Pour avoir la réponse, résous ce problème.

Il est 14 h 00 quand les habitants de la Conche partent faire la sieste ; la sieste dure 1 h 30.

Quelle heure est-il après la sieste ?

a.

b.

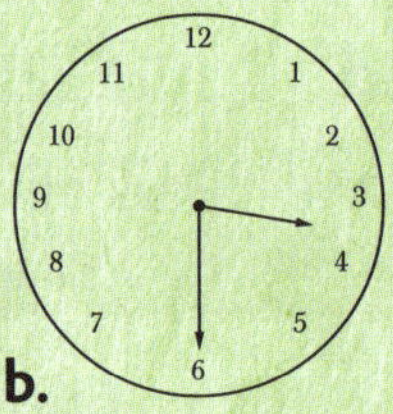

Si tu as choisi a. → Lis le n° 2.

Si tu as choisi b. → Lis le n° 5.

mémo 16

4

F	A	E	A	I	X	C	Z
A	T	T	E	N	D	R	E
I	W	R	I	Y	C	I	A
R	R	E	T	M	M	E	R
E	P	Q	A	N	O	R	K

→ C'est le moment d'aller lire la suite au n° 3 !

5 

Mystère, le corps dressé, lance des appels au secours en émettant de petits cris aigus.
Castille se précipite sur la plage tandis que le dauphin s'éloigne vers le large.
– Attends-moi ! crie la fillette, qui plonge sans même avoir enlevé son tee-shirt.
Mystère fend l'eau de sa nageoire dorsale. Castille nage derrière lui mais, très vite, elle s'essouffle. Ne parvenant pas à le suivre, elle fait demi-tour.
La fillette rejoint le bord et, sans réfléchir, elle saute dans la barque de Barnabé.

Elle appuie sur le bouton pour libérer l'essence et tourne la clé de contact. Aussitôt, le moteur démarre, dans un ronronnement assez discret pour ne pas alerter toute la Conche.
Au moment où le canot s'apprête à quitter la plage, elle entend un cri :
– Castille !

Qui donc pourrait empêcher la fillette de suivre Mystère ?

Tu le sauras en répondant à cette question. Pourquoi Castille monte-t-elle dans le canot de Barnabé ?

- Parce que Mystère est blessé.
- Pour suivre Mystère.
- Car elle a vu Câline.

Écris ta réponse :

C'est ton TROISIÈME INDICE. N'oublie pas de le noter sur ta page-indices, p. 93.

Maintenant, → Va au chapitre 4.

L'ile des Requins

1 

– On vient avec toi ! crie Louis en arrivant sur la plage.

Accompagné de Rufus, le jeune garçon prend place dans la petite embarcation.

Mystère s'élance vers le large, jaillissant de l'eau et replongeant vers le fond.

– Il se dirige vers l'ile des Requins ! s'exclame Louis en désignant un bout de terre au loin.

L'ile des Requins est à quatre kilomètres à peine de la côte. Mais personne n'ose s'y aventurer. On raconte que des requins y auraient dévoré deux pêcheurs, il y a de cela quelques dizaines d'années. Depuis, l'ile est soigneusement évitée par les vacanciers.

– Ne t'inquiète pas, dit Castille pour rassurer son jeune cousin. Je m'arrêterai bien avant.

Soudain, un terrible craquement se fait entendre.

D'où vient ce bruit effrayant ?

Tu en découvriras l'origine après avoir relevé tous les noms propres dans le passage que tu viens de lire.

Recopie-les :

....

....

....

....

Maintenant, → Lis le n° 5.

mémo 1

2 

Faux ! Lorsque deux mots ont la même première lettre, il faut alors comparer la deuxième lettre. Dans « crique » et « coquillage », le o de « coquillage » est placé, dans l'alphabet, avant le r de « crique ».

→ Recommence l'exercice du n° 3.

3 

– Ouah, ouah !

– Rufus, mon chien ! s'écrie Castille en se jetant sur lui.

Rufus promène sa langue sur le visage mouillé de sa jeune maitresse.
– Et Louis ! Est-ce que tu as vu Louis ?
Aussitôt Rufus part en direction de la côte. Castille le suit jusqu'à une petite plage entourée de buissons. Louis est là. La tête contre un rocher, il ne bouge plus.
– Louis ! sanglote Castille en caressant les cheveux de son cousin.
Péniblement, Louis ouvre les yeux.
– J'ai mal au cœur.
Castille sanglote de plus belle. Mais c'est de joie !
– Louis ! Tu es vivant !
La fillette aide son cousin à se relever et le débarrasse de son gilet tout trempé.
– On va devoir passer la nuit ici, annonce-t-elle en dirigeant son regard vers le ciel.
La nuit n'est pas encore tombée, mais les nuages sont si noirs que l'on ne distingue plus que des ombres.
– Heureusement que j'ai ça ! dit Louis en sortant un briquet de sa poche. C'était pour les pétards.
Louis essaie de l'allumer, mais sans succès.

Il souffle dessus pour le sécher mais toujours rien. Au quatrième essai, une petite flamme timide le fait hurler de joie.

– Occupe-toi de faire un feu, dit Castille. Pendant ce temps, je vais chercher un endroit pour dormir.

Les enfants vont-ils réussir à se débrouiller seuls ?

Pour l'apprendre, choisis la liste de mots rangés dans l'ordre alphabétique.

a. algue – coquillage – crique – rocher
b. algue – crique – coquillage – rocher

Si tu as choisi a. → Lis le n° 7.
Si tu as choisi b. → Lis le n° 2.

mémo 7

4

Aussitôt, Castille s'empare d'une corde flottant au fond du canot et la lance à son cousin. Louis la saisit et s'y agrippe de toutes ses forces. Après plusieurs essais, il parvient enfin à remonter à bord.

Pendant ce temps, le bateau dérive. Poussé par le vent, il se dirige vers l'ile maudite. Impuissants, les deux enfants s'accrochent à la barque comme à une bouée de sauvetage. De temps en temps, ils aperçoivent Mystère qui surgit entre les vagues avant de disparaitre. Tout à coup, le bateau chavire. Ses passagers se

retrouvent à l'eau. Puis, c'est le grand trou noir. Quand Castille ouvre les yeux, elle est allongée sur le sable. Autour d'elle, tout est sombre. Elle aperçoit de grands arbres qui se balancent dans le vent en produisant d'affreux craquements.

– L'ile des Requins… Louis ! Tu m'entends ? crie la fillette en cherchant son cousin du regard.

Mais aucune trace de Louis. Aussitôt la fillette se met en marche avec une seule idée en tête : retrouver son cousin.

– Louis ! hurle-t-elle en longeant la plage.

Mais le jeune garçon reste introuvable.

Qu'est-il arrivé à Louis ?

Pour aider Castille à le découvrir, donne l'affirmation exacte.

Le bateau des enfants chavire car…

- il a percuté un rocher.
- il y a eu un gros orage.

Écris ta réponse :

C'est ton QUATRIÈME INDICE. N'oublie pas de le noter sur ta page-indices, p. 93.

Maintenant, → Lis le n° 3.

5 

Tu as bien compris comment reconnaitre les noms propres. Facile ! Ils ont tous une majuscule : Louis, Rufus, Mystère, Castille. Le nom commun « requin » prend ici une majuscule car c'est le nom de l'ile.

→ À présent, cours jusqu'au n° 8.

6 

Faux ! Tu as sans doute confondu le chiffre des centaines avec celui des dizaines.

→ Refais l'exercice du n° 8.

7

Exact !

→ Cours vite rejoindre Castille et Louis au chapitre 5.

8

– Regarde ! hurle Louis en levant la tête vers le ciel. Un éclair !

En l'espace de quelques minutes, le ciel se charge de gros nuages sombres. Rufus se met à grogner. Louis lui caresse la tête pour le calmer.

– Le temps est en train de tourner, constate Castille. Il faut faire demi-tour.

À cet instant, un autre éclair déchire le ciel. Il est suivi d'une bourrasque qui chahute le canot, le brinquebalant entre les vagues.

– Qu'est-ce que tu fais ? crie Louis en essayant de couvrir le bruit de la mer.

Castille se cramponne à la barre du moteur, elle tente désespérément de la faire changer de cap. Mais le courant l'en empêche. Rufus aboie de plus belle. La petite embarcation se dirige tout droit vers l'ile des Requins.

Tout à coup, le tonnerre gronde et la pluie se met à tomber avec force. Castille n'arrive plus à maintenir la barre. Louis se cramponne au bord du bateau mais, soudain, une bourrasque plus forte que les précédentes le soulève et le jette à la mer.

Castille parviendra-t-elle à sauver son cousin ?

Le canot vacille sous la force du vent ! Peux-tu dire, grâce aux étiquettes, combien de fois cette embarcation est sortie en mer ?

9 dizaines	8 centaines	7 unités

Si tu as trouvé 987 → Lis le n° 6.
Si tu as trouvé 897 → Lis le n° 4.

mémo 10

5 Une terrible nuit

1 

Castille marche en direction du petit bois situé au milieu de l'ile.

– Qu'est-ce que c'est que ça ? s'exclame-t-elle en apercevant une cavité creusée dans la terre. On dirait l'entrée d'une grotte !

Courageusement, la fillette s'avance. Avec des murs en pierre et de l'eau qui dégouline du plafond, c'est bien une grotte.

Soudain, son pied heurte quelque chose de mou. Quelle horreur ! La chose bouge et se dresse en émettant un sifflement terrible. Castille se fige sur place. Elle n'ose plus bouger ni respirer. Et encore moins regarder en direction du sol.

Sur quoi Castille est-elle en train de marcher ?

Tu le découvriras si tu résous cet exercice.
Combien vois-tu de sujets dans les phrases en bleu ?

a. 3 sujets : la chose – Castille – elle

b. 4 sujets : son pied – la chose – Castille – elle

Si tu as choisi a. → Lis le n° 9.
Si tu as choisi b. → Lis le n° 7.

mémo 4

2

Tu t'es trompé(e) ! Le crocodile, le serpent et le lézard sont bien des reptiles puisqu'ils rampent tous sur le ventre.

→ Refais l'exercice du n° 7.

3

Félicitations !

→ Va vite au chapitre 6 découvrir la suite de l'histoire !

4

Le reptile se rétracte et s'enfuit en rampant, suivi de ses petits.

Rufus se lance à sa poursuite en aboyant.

– Rufus, au pied ! crie Louis.
Castille regarde le jeune garçon avec admiration.
– Louis ! Tu m'as sauvé la vie !
– Bah ! Oublie ça, rétorque Louis modestement.
– Comment as-tu trouvé l'idée du briquet ?
– Dans mon encyclopédie sur les animaux sauvages, tiens, pardi !
Castille sourit. Son cousin a toujours le nez dans un livre ! D'habitude, elle se moque de lui. Aujourd'hui, elle le félicite.

– En tout cas, pas question de dormir dans cette grotte pleine de serpents !
Quand ils sortent de la grotte, la pluie tombe à nouveau. Castille court se mettre à l'abri sous un arbre. Le tonnerre gronde et les éclairs fusent dans le ciel.
– Castille, pas sous les arbres ! hurle Louis.
Mais il est trop tard. La foudre vient de s'abattre sur le bois.

Castille va-t-elle échapper à la foudre ?

Pour savoir ce qui va lui arriver, précise comment Louis a réussi à faire fuir les serpents.

Est-ce :

- grâce à un bâton ?
- grâce à un briquet ?

Recopie ta réponse :

C'est ton CINQUIÈME INDICE. N'oublie pas de le noter sur ta page-indices, p. 93.

Maintenant, → Lis le n° 8.

5

Gagné ! La truite et le gardon ne sont pas des reptiles mais des poissons.

Maintenant, → Lis le n° 4.

6

Faux ! « Savais » est à l'imparfait, donc un temps du passé ! Et « ils passeront la nuit sur l'ile », ce n'est pas encore arrivé, c'est donc une action future !

→ Refais l'exercice du n° 8.

7

La vipère avec son V sur la tête est terrifiante. Elle est entourée d'une dizaine de petits serpents serrés contre elle.

– Une mère et ses petits ! s'exclame Castille avant de prendre ses jambes à son cou.

Mais l'animal est plus rapide. Il bondit et s'enroule autour de sa jambe. Castille pousse des hurlements. C'est pire que dans un cauchemar ! À ce moment précis, elle sent quelque chose de chaud sur son mollet. Elle baisse la tête et

découvre Louis brandissant le briquet devant les yeux du serpent aveuglé.

Que va faire le reptile ?

Tu le sauras après avoir répondu à cette question.
Parmi ces animaux, lesquels ne sont pas des reptiles ?

a. crocodile **b.** truite **c.** lézard
d. serpent **e.** gardon

Si tu as choisi a., c., et d. → Lis le n° 2.
Si tu as choisi b. et e. → Lis le n° 5.

mémo 18

8 

Castille est accroupie, les bras noués autour de ses genoux. Elle ne bouge plus. Juste derrière elle, un arbre a pris feu, foudroyé.

– Castille ! appelle Louis.

Castille se relève. Plus de peur que de mal. La fillette est saine et sauve, mais elle l'a échappé belle.

– Quand il y a de l'orage, il ne faut surtout pas se mettre sous un arbre, dit Louis. Par

contre, tu m'as épaté. Comment savais-tu qu'il fallait s'accroupir dans cette position ?

– Il n'y a pas que toi qui lis des encyclopédies !

En retournant vers la côte, les deux cousins ont la bonne surprise de retrouver leur canot, échoué sur le rivage.

Le moteur a l'air fichu mais Castille essaie de le faire démarrer. En vain… Les deux cousins sont désormais convaincus qu'ils passeront la nuit sur l'ile maudite.

– On devrait dormir sous le canot, suggère Louis.

– Bonne idée !

Les deux enfants retournent la barque. En creusant dans le sable, Castille trouve des algues sèches et des petits bouts de bois mort. Louis allume le feu avec son briquet et les deux enfants se réchauffent avant de se coucher, la faim au ventre.

La nuit sur l'ile sera-t-elle paisible ?

Avant de le découvrir, relie les verbes suivants aux temps auxquels ils appartiennent.

Tu peux t'aider en retrouvant le contexte de chaque verbe : ils sont en bleu dans le texte.

a. passeront	**1.** présent
b. savais	**2.** passé
c. trouve	**3.** futur

Si tu as répondu a.3., b.2. et c.1. → Lis le n° 3.

Si tu as répondu a.2., b.3. et c.1. → Lis le n° 6.

mémo 9

9

Ce n'est pas tout à fait ça. Repère d'abord tous les verbes conjugués puis pose-toi la question : « Qui est-ce qui fait l'action ? »

→ Recommence l'exercice du n° 1.

6

Le retour des naufragés

1

Au petit matin, les deux cousins sont réveillés en sursaut par les aboiements de Rufus.

– Qu'est-ce qui se passe, mon chien ? demande Castille en ouvrant péniblement les yeux.

La nuit n'a pas été bonne. Les enfants se sont réveillés plusieurs fois, dérangés dans leur sommeil par le vent et le bruit des vagues. Sans parler de leurs vêtements humides qui leur collaient à la peau.

– J'arrive ! crie la fillette en se glissant hors du canot.

Pendant que Louis tente de rallumer un feu, Castille court derrière son chien.

– Tu vas trop vite, attends-moi !

Mais Rufus n'écoute pas. Il file droit vers une petite crique.

– Oh ! mon Dieu ! hurle Castille en découvrant l'enclos installé au beau milieu de l'eau.

Que vient de voir la fillette ?

Tu le sauras si tu remets les actions de nos héros dans l'ordre.

a. La fillette découvre l'enclos au milieu de l'eau.
b. Rufus file vers la petite crique.
c. Les enfants se sont réveillés.

Si tu as choisi c.-b.-a. → Lis le n° 5.
Si tu as choisi c.-a.-b. → Lis le n° 9.

2

Faux ! Quand on affirme quelque chose, c'est un point qu'il faut mettre à la fin de la phrase et non un point d'interrogation. → Refais l'exercice du n° 3.

3 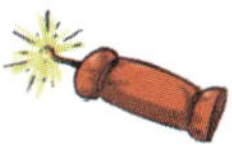

Effrayé, le requin s'enfuit et disparait dans la mer.

Castille se retourne. Louis est accroupi, son briquet à la main.

– Il me restait deux pétards dans la poche. Le temps de sécher les mèches et me voilà !

Castille saute dans ses bras.

– Bravo ! Tu es un champion ! Vraiment, tu m'impressionnes.

Louis rougit devant les compliments de sa cousine.

– Et tu as vu qui est là ? ajoute la fillette.

Câline bondit dans l'eau pour montrer sa joie.

– On était drôlement inquiets, dit le jeune garçon en lui caressant le museau. Qu'est-ce que tu fabriques ici ?

– Je crois que les clients de l'hôtel avaient raison. Elle est venue faire ses petits et elle s'est retrouvée prisonnière d'un filet de pêche.

– On te ramène à la Conche ! dit Louis.

– Oui, mais comment ? demande Castille.

Comment les enfants vont-ils rentrer à la Conche sans moteur ?

Cela parait difficile, mais peut-être ont-ils une autre solution ? Avant de la découvrir, relis dans ce passage les phrases en bleu.

a. Il s'agit de phrases affirmatives.

b. Il s'agit de phrases interrogatives.

Si tu as choisi a. → Lis le n° 2.
Si tu as choisi b. → Lis le n° 6.

mémo 5

4

Bonne réponse ! Il fallait en effet poser une multiplication : 95 x 10.

→ À présent, va au chapitre 7 pour découvrir la fin de l'histoire.

5

– Câline ! Mais qu'est-ce que tu fais là ?

Castille plonge dans l'eau froide pour délivrer sa protégée, enserrée dans les mailles d'un filet. Câline se tortille dans tous les sens pour s'extraire de sa prison. Elle est épuisée. Calmement, la petite fille dénoue les nœuds du filet et Câline, d'un grand coup de queue, se libère enfin.

Soulagée, la fillette lui caresse le museau et saute dans les vagues.

– On a réussi ! crie-t-elle en faisant des galipettes dans l'eau.

Câline semble reprendre des forces. De son museau agile, elle soulève la petite fille et l'envoie sur son dos. Castille essaie de rester en équilibre sur la peau mouillée du dauphin, qui s'amuse à la faire retomber. Castille rit aux éclats et Câline couine de joie. Mais, soudain, Castille croit apercevoir un aileron de requin.

Oui, c'est bien un requin ! La gueule ouverte, le requin fonce droit sur elle. Son minuscule œil gris lui glace le sang. Pétrifiée, la fillette ne bouge plus. Son cœur va exploser dans sa poitrine. « Je suis fichue », pense-t-elle. Le requin n'est maintenant plus qu'à trois mètres d'elle. Ses dents sont aussi pointues que la lame d'un couteau.

– Au secours ! hurle la fillette dans un cri qui déchire le silence.

Quelqu'un viendra-t-il secourir Castille ?

Pour le savoir, tu dois entourer dans la grille tous les noms communs féminins et masculins du paragraphe en bleu.

X	C	O	U	T	E	A	U	S	T
G	O	V	W	F	Z	O	D	E	D
N	E	R	T	I	O	I	P	C	V
G	U	E	U	L	E	W	O	O	S
I	R	Q	L	L	I	U	I	U	I
W	N	U	X	E	L	V	T	R	L
Q	L	I	R	T	M	C	R	S	E
S	A	N	G	T	C	R	I	X	N
O	M	V	N	E	L	B	N	A	C
D	E	N	T	S	L	C	E	W	E
T	X	M	E	T	R	E	S	G	X

Combien trouves-tu de noms féminins ? ....

Et combien de noms masculins ? ....

Maintenant, → Va au n° 10.

mémo 2

6

À ce moment-là, Mystère couine pour signaler sa présence.

– J'ai une idée ! dit Castille. Attachons la corde autour de Mystère ! Il nous tirera jusqu'à la maison.

– Génial !

Au moment d'embarquer à bord du canot, la fillette aperçoit quelque chose qui brille dans le sable. C'est une boite de cachous ! La même que celle de monsieur Joe, le montreur de crocodiles ! Bizarre, se dit Castille en la glissant dans sa poche.

– Filons d'ici, dit Louis en grimpant dans la barque.

Les naufragés quittent l'ile des Requins à bord du canot tiré par Mystère. Finalement sain et sauf, le dauphin avance avec vigueur, heureux de cette nouvelle mission.

– Ça va, Câline ? demande Louis de temps en temps.

La future maman, elle, avance difficilement. Elle semble fatiguée. Les enfants sont très inquiets.

– Romain l'examinera à notre arrivée, dit Castille pour rassurer son cousin.

Sur la plage de la Conche, les deux enfants sont attendus de pied ferme par leurs grands-parents, fous d'inquiétude, et par une bonne dizaine de gendarmes.

– Ça va chauffer ! dit Louis en sautant du canot.

De quelle façon les deux cousins vont-ils être accueillis ?

Tu le découvriras après avoir résolu ce petit problème.

Sur la boite que Castille aperçoit dans le sable, il est écrit « 95 cachous ».

Combien y aurait-il de cachous dans 10 boites ?

a. 105 **b.** 950

Si tu as choisi a. → Lis le n° 8.
Si tu as choisi b. → Lis le n° 4.

mémo 14

7

À cet instant, Mystère surgit d'entre les vagues. En un éclair, il rejoint le monstre marin et détourne son attention par des sifflements aigus. Pendant ce temps, Castille nage aussi vite qu'elle le peut pour rejoindre la rive. À peine arrivée, elle se laisse tomber sur le sable, épuisée.

Dans l'eau, le combat a commencé. Mystère est plus gros que le requin mais ses mâchoires sont moins puissantes. Ils se jettent l'un sur l'autre avec une violence inouïe. Le requin tente d'enfoncer ses dents meurtrières dans la nageoire dorsale de Mystère qui réplique par un violent coup de museau. Sur le sable, Castille retient son souffle. Elle a cru voir du sang sortir du flanc du dauphin. Elle crie mais ça ne sert à rien.

Soudain, derrière elle, des coups de feu retentissent.

Qui a tiré ?

Pour connaitre la suite, choisis la bonne affirmation.

- Castille a cru voir le dauphin saigner.
- Castille a cru voir le requin saigner.

Écris ta réponse :

C'est ton SIXIÈME INDICE. N'oublie pas de le noter sur ta page-indices, p. 93.

Maintenant, → Lis le n° 3.

8

Faux ! Il ne fallait pas additionner 95 et 10 mais les multiplier ! Avec 10 boites, on a 10 fois 95 cachous.

→ Refais l'exercice du n° 6.

9

Tu t'es trompé(e) ! Si Castille découvre l'enclos, c'est parce que Rufus l'a emmenée vers la crique.

→ Retrouve l'ordre exact et refais l'exercice du n° **1**.

10

X	C	O	U	T	E	A	U	S	T
G	O	V	W	F	Z	O	D	E	D
N	E	R	T	I	O	I	P	C	V
G	U	E	U	L	E	W	O	O	S
I	R	Q	L	L	I	U	I	U	I
W	N	U	X	E	L	V	T	R	L
Q	L	I	R	T	M	C	R	S	E
S	A	N	G	T	C	R	I	X	N
O	M	V	N	E	L	B	N	A	C
D	E	N	T	S	L	C	E	W	E
T	X	M	E	T	R	E	S	G	X

Noms féminins : gueule, fillette, poitrine, dents, lame.

Noms masculins : requin, œil, sang, cœur, mètres, couteau, secours, cri, silence.

Si tu as trouvé 5 noms féminins et 9 noms masculins, bravo !

→ À présent, rends-toi au n° **7**.

7 Bébés dauphins en détresse

1 

Les heures qui suivent sont cuisantes. Grand-mère est en larmes, grand-père dans une colère noire. Louis et Castille réalisent le mal qu'ils ont fait en quittant la Conche sans prévenir.

Après avoir juré de ne plus recommencer, ils acceptent la punition : privés de baignades !

Pendant ce temps, sur la plage, Romain examine Câline.

– Les petits vont bien ? demande Louis en le rejoignant.

Le visage de Romain est fermé. Il a l'air soucieux.

– J'ai une mauvaise nouvelle, annonce-t-il.

Quelle est donc cette triste nouvelle ?

Avant de le découvrir, réponds à cette question. Comment s'appelle l'arbre qui explique la constitution d'une famille ?

a. Un arbre générique

b. Un arbre généalogique

Si tu as choisi a. → Lis le n° 8.

Si tu as choisi b. → Lis le n° 4.

mémo 19

2 

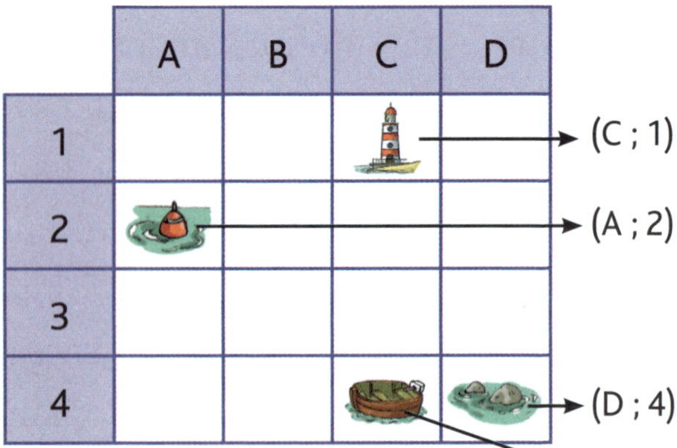

→ À présent, tu peux lire le n° 3.

3

– C'est exactement là que se trouvait Câline quand je l'ai découverte prisonnière d'un filet ! s'exclame Castille.

– Vous pensez que ce sont les bébés dauphins qu'on voit se débattre à la surface ? demande Barnabé.

– Oui ! Ce sont eux ! Vous avez vu ? Ils essaient de sauter mais ils n'y arrivent pas ! dit Castille.

– Ils doivent être, eux aussi, prisonniers d'un filet ! conclut Louis.

Aussitôt, Barnabé enlève son polo et plonge dans l'eau sombre. À plusieurs reprises, le jeune homme disparait et réapparait à la surface.

– Ils sont là ! Je les ai vus !

Castille saute de joie.

– Combien sont-ils ?

– Deux ! Deux bébés dauphins, répond Barnabé. Mais le filet est solidement fixé à l'enclos, ça ne va pas être facile de les libérer.

– Rentrons à la Conche donner l'alerte ! propose Louis.

– Qu'est-ce que vous fichez ici ? crie une voix derrière eux.

Castille se retourne. L'homme a un fusil à la main. Elle reconnait monsieur Joe.

– C'est vous ! C'est vous qui avez enlevé les petits ! crie la fillette.

– Eh oui, c'est bien moi, dit l'homme. Mais c'est vous qui m'en avez soufflé l'idée.

– Comment ça ? demande Louis.

– Vous ne vous souvenez pas ? Quand vous êtes venus voir mes crocodiles? Vous étiez si attendrissants avec vos dauphins. J'ai tout de suite pensé qu'ils pourraient attendrir d'autres enfants.

– Vous voulez les enfermer dans un camion, comme vos crocodiles ? dit Castille, horrifiée.

– Exactement. Ces bébés dauphins vont me rapporter beaucoup d'argent. Et ce ne sont pas trois misérables bambins et un sale roquet qui vont venir contrecarrer mes plans !

À cet instant, l'homme braque son fusil sur les trois enfants.

Que va-t-il se passer ?

Aide les enfants en résolvant cet exercice.

Trouve le féminin de ces noms :

le cousin : ....

l'adolescent : ....

l'ami : ....

l'homme : ....

Maintenant, → Va au n° 5.

mémo 6

4

– Les petits ne sont plus là, déclare Romain.

– Comment ça, plus là ? crie Castille. Ils sont… morts ?

– Non, ils ne sont pas morts. Ils sont même nés puisque le ventre de Câline est… vide !

Louis éclate en sanglots.

– Ils ont dû se perdre en mer, dit le petit garçon entre deux hoquets. Il faut partir à leur recherche.

C'est alors que Castille sort la boite de sa poche :

– Regardez ce que j'ai trouvé sur l'ile des Requins ! Ça ne vous rappelle rien ?

– Le montreur de crocodiles ! Tu crois qu'il a un rapport avec tout ça ? s'écrie Louis.

– Je ne crois pas ! J'en suis sure même ! Retournons sur l'ile ! dit Castille.

À la nuit tombée, malgré toutes leurs promesses, les deux cousins quittent la maison et se dirigent vers le canot de Barnabé. Soudain, Barnabé surgit dans la pénombre.

Barnabé va-t-il empêcher les enfants de quitter la Conche ?

Avant de lire la suite, tu dois d'abord donner ton avis au sujet de l'enquête !
Qui a enlevé les petits dauphins ?

- Barnabé
- monsieur Joe
- des braconniers

Écris ta réponse :

C'est ton SEPTIÈME INDICE. N'oublie pas de le noter sur ta page-indices, p. 93.

Maintenant → Lis le n° 6.

5

Il faut simplement ajouter un -e à la fin du nom ! Sauf pour « homme », car le nom féminin correspondant est un mot différent. Les bonnes réponses sont : l**a** cousin**e**, l'adolescent**e**, l'ami**e**, **la femme**.

Maintenant, → Cours au n° 10.

6

– Eh, les moucherons ! dit Barnabé. Je viens avec vous ! On ne sera pas trop de trois !

– De quatre ! dit Louis en caressant la tête de Rufus.

L'adolescent, qui a suivi l'affaire de près, a un pressentiment : cette nouvelle expédition des cousins pourrait être plus dangereuse qu'ils ne l'imaginent.

La mer est calme et le canot file à vive allure.

Très vite, les quatre passagers accostent sur l'ile et se dirigent droit vers la crique.
– Regardez ! crie Louis en désignant une masse claire et mouvante à plusieurs dizaines de mètres du rivage.

Quelle est cette masse mouvante au milieu de l'eau ?

Quel suspense ! Avant de découvrir la réponse, aide les enfants à se repérer.
Observe bien le quadrillage et indique où se situe chaque élément.

Exemple : *Le phare de la Conche : (C ; 1)*

La bouée qui sert de repère aux marins : (A.2.)

Le canot des enfants : (C.4..)

Les rochers qui bordent l'ile des Requins : (.D4..)

	A	B	C	D
1				
2				
3				
4				

Maintenant, → Lis le n° 2.

mémo 17

7 

C'est exact, tu as bien observé la position de chaque chiffre pour les classer dans l'ordre croissant.

Maintenant, → Tu vas pouvoir lire la fin de l'histoire au n° **11**.

8 

Tu t'es trompé(e) ! Lis le mémo n° 19.

→ Refais l'exercice du n° **1**.

9 

Faux ! Observe bien la place de chaque chiffre et compare-les bien.

→ Refais l'exercice du n° **10**.

10 

– Allez, avancez ! dit monsieur Joe en poussant les enfants devant lui.

– Où nous emmenez-vous ? demande Louis d'une voix tremblante.

– Vous verrez bien, sales petits fouineurs. Je vais vous apprendre à vous occuper de vos affaires, moi !

– Ce sont nos affaires ! répond Castille sans se démonter. Câline et Mystère sont sous notre protection.
– Protection ? Ah ! Ah ! Tu parles ! Et puis, les dauphins sont à tout le monde.
– Pas du tout ! dit Barnabé. Les dauphins sont une espèce protégée. Si vous enlevez des dauphins, vous risquez la prison.
Monsieur Joe ricane :
– La prison, je connais ! Et ça ne me fait pas peur.
Soudain, les trois enfants se taisent. Si monsieur Joe a fait de la prison, c'est qu'il doit être très dangereux. Il n'hésitera pas à leur tirer dessus avec son fusil.
Dans un silence de mort, les enfants avancent, et chacun de leur pas les éloigne un peu plus des petits dauphins.
Ils parviennent à une sorte de cavité dans la roche. L'endroit est dissimulé sous des feuillages et l'entrée est masquée par un gros rocher.
– Vous allez entrer là-dedans et y rester le temps que j'évacue les dauphins loin d'ici, dit monsieur Joe en sortant une corde de son sac.

Une fois ligotés, vous serez bien sages, j'en suis sûr !

– Où comptez-vous les emmener ? risque Castille.

Monsieur Joe éclate d'un rire sonore :

– Tu penses peut-être que je vais te donner l'adresse !

Tout à coup, Barnabé a une idée :

– Vous savez que, sans leur mère, ils risquent de mourir ? tente le jeune garçon.

– Eh bien, j'emmènerai leur mère ! Comme ça, le problème sera réglé !

Les enfants se regardent, pâles d'effroi.
Emmener Câline, pas question ! Prise d'une rage soudaine, Castille se jette sur monsieur Joe qui s'apprête à répliquer.
Mais, avant qu'il n'ait le temps de réagir, Rufus se lance sur lui, crocs en avant, et lui mord les mollets. Barnabé essaie de lui prendre l'arme des mains. Mais monsieur Joe résiste. Un coup de fusil éclate, effrayant Louis et Castille qui se mettent à hurler.

Comment tout cela va-t-il finir ?

Tu le découvriras si tu résous ce dernier exercice.
Monsieur Joe est un sinistre malfaiteur ! Il a déjà fait plusieurs séjours en prison ! La première fois, il y est resté 149 jours, la deuxième fois, 194 jours, la troisième fois, 491 jours et la dernière fois, 94 jours.
Range les nombres ci-dessus du plus petit au plus grand.

....

....

Si tu as répondu : 94 – 149 – 194 – 491 → Lis le n° 7.
Si tu as répondu : 94 – 194 – 149 – 491 → Lis le n° 9.

mémo 11

11

C'est alors que Rufus, prêt à tout pour sauver ses deux jeunes maitres, attaque à nouveau, et, cette fois, plante ses crocs dans la cuisse gauche de monsieur Joe. Barnabé a juste le temps de s'emparer de son filet, tombé près du rocher. Il se précipite sur monsieur Joe en poussant son cri de guerre. L'homme, surpris et blessé, s'écroule sur le sol.

– La police se chargera de vous ! dit Barnabé en nouant les extrémités du filet autour des poignets du malfaiteur.

Le lendemain matin, les habitants de la Conche découvrent, tout émus, les deux bébés dauphins sains et saufs, nageant aux côtés de leurs parents.

Mais grand-père continue de froncer les sourcils : les enfants ont désobéi, ils méritent quand même une punition.

– Allons, dit grand-mère, indulgente. Tout le monde n'a pas deux héros dans sa famille !

– Héros peut-être, répond grand-père. Mais ils ont risqué leur vie ! Partir seuls sur l'ile des Requins, c'était de la pure folie !

Puis, s'adressant aux enfants, grand-père tempête :
– Dans vos chambres jusqu'à ce soir !
Penauds, Louis et Castille se dirigent vers leurs chambres quand une voix crie depuis la plage :
– Le maire arrive ! Il veut féliciter les héros du jour.
Romain annonce la nouvelle, accompagné de Barnabé, un grand sourire aux lèvres.
– La grand-mère de Sophie a préparé des boissons fraiches, ajoute-t-il. C'est un jour qui se fête, non ?
Devant la mine renfrognée de grand-père, Barnabé prend une voix suppliante :
– Pour une fois !
Une demi-heure plus tard, tous les habitants de la Conche sont réunis sur la plage. Le maire est parmi eux. Il tient à féliciter solennellement les trois enfants.
– Et Rufus ? s'indigne Castille qui n'envisage pas la réussite de l'aventure sans son chien.
– Et Rufus ! dit le maire en riant.
– Au fait, comment va-t-on appeler les bébés dauphins ? demande Sophie en les regardant sauter dans les vagues.

– Que pensez-vous de Louis et Castille ? propose Romain en lançant un clin d'œil aux deux cousins. Sous les applaudissements de la Conche, Louis et Castille se regardent stupéfaits, heureux et tellement fiers. Jamais ils n'auraient pu imaginer devenir les héros d'une aventure aussi palpitante que terrifiante…

– Tu vois, finalement, dit Castille à Louis dans un éclat de rire : la vie, c'est encore plus incroyable que tout ce que tu peux trouver dans les livres !

FIN

Bravo ! Puisque tu es allé(e) jusqu'au bout de cette histoire et de ses exercices, nous te proposons de nous envoyer, sur le site www.lenigme.com, la liste des indices que tu as écrits page 93 et tu pourras télécharger des surprises !

À bientôt pour une nouvelle aventure !

Mémo

Pour t'aider à faire tes exercices

Français

Maths

Questionner le monde

Grammaire

1 Les noms

- Les **noms communs** sont précédés d'un **déterminant** (petit mot comme *le, la, une, des, son, ta*) :

la fillette – une crique – un briquet – le bateau – l'ile – des dauphins – les vacances – le ciel – les rochers – ton stylo – ta chemise

- Les **noms propres** commencent toujours par une **majuscule**. Ce sont les prénoms, les noms de villes, de pays, etc. :

Louis – Castille – Arcachon

2 Le genre et le nombre des noms communs

- **Le genre**

– Masculin : *le mystère*
– Féminin : *la plage*
– Astuce : Si tu n'es pas sûr(e) du genre d'un nom, essaie de mettre *la* ou *une* devant.

les barques → ~~le~~ la barque (féminin)
trois kilomètres → ~~une~~ un kilomètre (masculin)
l'ile → une ile (féminin)
l'instant → ~~une~~ un instant (masculin)

– Quand tu as vraiment un doute sur le genre d'un nom, consulte ton dictionnaire !

- **Le nombre**

– Singulier : *un cousin*
– Pluriel : *des cousins*

3 Les pronoms personnels sujets

- Le pronom est un petit mot qui remplace un nom. Il a la même fonction que ce nom dans la phrase.

Les deux cousins observent le camion. Ils observent le camion.

- Les pronoms personnels sujets sont :

je – tu – il – elle – on – nous – vous – ils – elles.

4 Le sujet

- Le **verbe** indique l'action faite par le sujet.

- Le **sujet** désigne celui qui fait l'action.

- Le sujet détermine l'accord du verbe.
Il se trouve en principe au début de la phrase.

- Le sujet peut être formé :
– d'un nom commun et de son déterminant.
Les dauphins ont senti sa présence.
– d'un nom commun avec son déterminant et un adjectif.
Un gigantesque camion est installé sur la place.
– d'un nom propre.
Castille est effrayée.
– d'un pronom personnel.
Il dévoile une cicatrice rouge.

- Pour trouver le sujet, on repère le verbe conjugué puis on pose la question : « Qui est-ce qui fait l'action ? »

5 Les types et formes de phrases

- La phrase **déclarative** raconte un fait.
Elle commence par une majuscule et se termine par un point (.).
Câline bondit dans l'eau.

- La phrase **interrogative** pose une question.
Elle commence par une majuscule et se termine par un point d'interrogation (?).
Qu'est-ce que tu fais ici ?

- La phrase **impérative** donne un ordre, un conseil.
Dépêche-toi !

- La forme **négative** permet de dire le contraire. Les petits mots *ne* et *pas* encadrent le verbe.
Camille ne se cache pas derrière le rocher.

- La forme **affirmative** exprime une affirmation.
On peut la commencer par « oui ».
Oui, les dauphins sont vivants.

Orthographe

6 Le féminin des noms communs

• Le plus souvent, on forme le féminin en ajoutant un -e à la fin du nom masculin :

un cousin → *une cousine*
un ami → *une amie*

• Il faut faire bien attention de ne pas oublier le -e, même quand on ne l'entend pas !

un inconnu → *une inconnue*

• Mais parfois, il s'agit d'un tout autre mot, qui ne se termine pas toujours par un -e :

un cheval → ***une jument***
un homme → ***une femme***

Vocabulaire

7 L'ordre alphabétique

Dans le dictionnaire, les mots sont classés dans l'ordre alphabétique.

• Pour classer les mots, on regarde d'abord la première lettre : *dauphin* est avant *requin* car le *d* est avant le *r*.

• Mais si deux mots commencent par la même lettre comme *crique* et *coquillage*, alors il faut observer la deuxième lettre : le *o* de *coquillage* étant avant le *r* de *crique*, *coquillage* sera placé avant *crique*.

Conjugaison

8 L'infinitif

Le verbe peut être :

- à l'infinitif (c'est à cette forme qu'on le trouve dans le dictionnaire)
- ou conjugué.

Nager, réussir, prendre, être et *avoir* sont des verbes à l'infinitif.

INFINITIF EN :	GROUPE DU VERBE
-er comme *chanter*	1er groupe
-oir, ***-ire***, ***-dre***, etc.	3e groupe

9 Les trois moments du temps

- Le verbe change de forme selon la personne :
  il court – nous courons – elles courent

- Mais sa terminaison change aussi selon le moment auquel se passe l'action.

– **le passé**
*Hier, les petits dauphins **ont disparu** de la crique.*

– **le présent**
*Aujourd'hui, les petits dauphins **disparaissent** de la crique.*

– **le futur**
*Demain, les petits dauphins **disparaitront** de la crique.*

Nombres

10 Lire et écrire des nombres

• Les nombres s'écrivent avec des chiffres rangés dans l'ordre suivant : les unités, les dizaines, les centaines.

• Si l'on prend le nombre 786, on voit qu'il est composé de la façon suivante :

centaines	dizaines	unités
7	8	6

Dans ce nombre, il y a **7 centaines**, **8 dizaines** et **6 unités**.
Pour décomposer ce nombre, on peut dire aussi que :
786 = **700** + **80** + **6**

11 Ranger des nombres

• Ranger des nombres dans l'ordre croissant signifie les classer du plus petit au plus grand.

• Voici la méthode :

– Il faut d'abord compter les chiffres qui composent chaque nombre. Cela permet de faire des groupes : les nombres à un chiffre, les nombres à deux chiffres, les nombres à trois chiffres.
Les nombres qui ont le moins de chiffres sont les plus petits.
4 est plus petit que 94. Et 94 est plus petit que 149.

– Ensuite, dans chaque groupe, on range les nombres en regardant le chiffre qui se trouve le plus à gauche.
194 est plus petit que 491, car si l'on observe le chiffre le plus à gauche, ici le chiffre des centaines, on voit bien que 1 est plus petit que 4.

– Si les chiffres les plus à gauche sont identiques, alors on regarde le chiffre qui vient juste après.
149 est plus petit que 194, car si l'on observe le chiffre juste après le 1, on voit bien que 4 est plus petit que 9.

Calculs

12 L'addition

- On fait une addition pour calculer la **somme** de deux ou plusieurs nombres.
- Il faut bien poser les unités sous les unités, les dizaines sous les dizaines, etc.
- On pose :

$$\begin{array}{r} {\scriptstyle 1\,1} \\ 1\,8\,7 \\ +\ \ 9\,4 \\ \hline 2\,8\,1 \end{array}$$

- On additionne d'abord les unités : 7 + 4 = 11.
- On pose 1 unité dans la colonne des unités et on retient 1 dizaine qu'on écrit au-dessus des dizaines.
- On additionne les dizaines sans oublier la retenue : 8 + 9 + 1 = 18.
- On s'occupe des centaines : 1 + 1 (retenue) = 2.

13 La soustraction

- On fait une soustraction pour calculer une **différence** ou un **écart** entre deux nombres.
- Il faut bien poser les unités sous les unités, les dizaines sous les dizaines, etc.
- On pose :

$$\begin{array}{r} 3\,6\,8 \\ -\ \ 5\,3 \\ \hline 3\,1\,5 \end{array}$$

- On s'occupe des unités : 3 ôté de 8, il reste 5.
- On s'occupe des dizaines : 5 ôté de 6, il reste 1.
- On s'occupe des centaines : 0 ôté de 3, il reste 3.

14 La multiplication par 10

- On fait une multiplication pour calculer le **produit** de deux nombres.
- Pour multiplier un nombre par 10, on écrit un zéro à la droite du nombre :

23 × 10 = 230

Grandeurs et mesures

15 La mesure du temps

Un calendrier sert à se repérer dans le temps. Il comprend :

- les douze **mois** de l'année ;
- le nombre de **jours** dans chaque mois (certains mois ont 30 jours et d'autres 31 jours, le mois de février a 28 jours ou 29 si c'est une année bissextile) ;
- le nom des jours de la **semaine** ;
- les **jours fériés** et les **phases de la lune**.

16 La mesure de l'heure

- Sur la pendule, la petite aiguille marque les **heures** et la grande aiguille marque les **minutes**.
- Dans une **journée**, il y a 24 **heures** mais sur le cadran des pendules, il n'y a pas 24 nombres pour indiquer toutes les heures du jour et de la nuit. À partir de midi, la petite aiguille fait un deuxième tour du cadran.
- Dans une **heure**, il y a 60 **minutes**.

30 minutes = une demi-heure
60 minutes = une heure

17 Se repérer dans un quadrillage

Pour repérer une case dans un quadrillage, on regarde d'abord la **colonne** (qui a une lettre) puis la **ligne** (qui a un chiffre).

	A	B	C	D
1				
2				
3				
4		■		

Le rectangle rouge est sur la case (B ; 4).

Le vivant

18 Quelques classes d'animaux

• Les mammifères

Un chaton, un poulain, un bébé dauphin sortent déjà formés du ventre de leur mère. Ces animaux sont des **vivipares**.
Ils appartiennent au groupe des mammifères : les mammifères tètent le lait de leur mère. L'**allaitement** est possible car les femelles possèdent des **mamelles**.

• Les reptiles

Un bébé crocodile ou un bébé serpent naissent en sortant d'un œuf pondu par leur mère. Ces animaux sont des **ovipares**.
Ils appartiennent au groupe des reptiles : les reptiles sont des animaux à **sang froid** qui se déplacent en **rampant** sur le sol. Les femelles n'ont pas de mamelles pour nourrir leurs petits.

Le temps

19 L'arbre généalogique

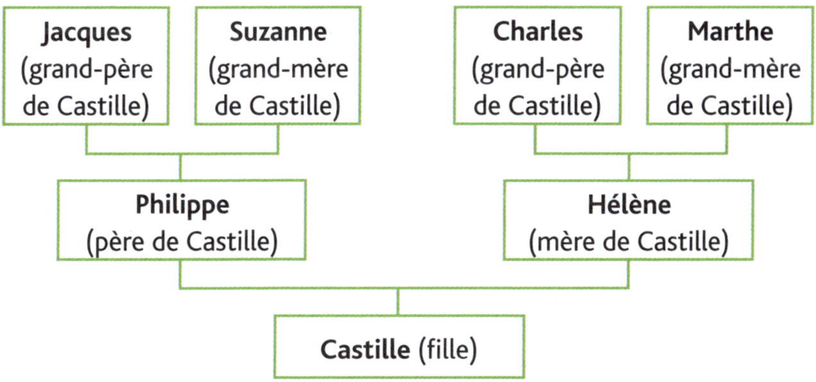

• L'arbre généalogique retrace l'histoire d'une **famille**.
• Il permet de connaitre le nom de ses parents, de ses grands-parents et de ses ancêtres plus lointains.

L'espace

20 L'horizontale et la verticale

- Quand tu es **allongé(e)** dans ton lit, tu es à l'**horizontale**.
- Quand tu es **debout**, tu es à la **verticale**.
- Pour repérer les deux directions, on utilise le **niveau à bulle** pour l'horizontale et le **fil à plomb** pour la verticale.
- Astuce : « horizontal » est un mot de la même famille qu'« horizon ». L'horizon est la ligne qui semble séparer le ciel et la mer.

21 Les littoraux français

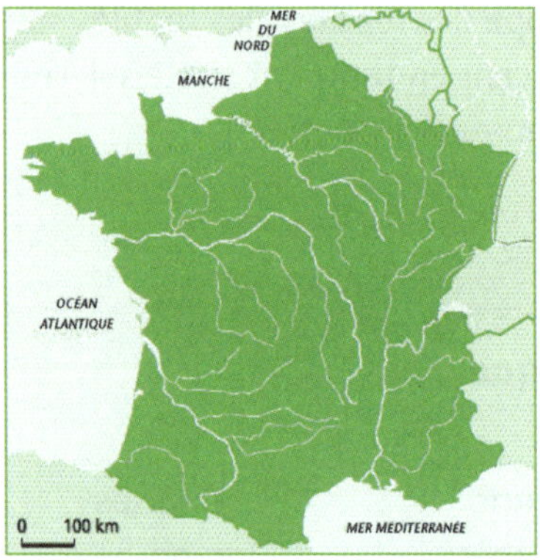

- La France est bordée par :
  – la mer Méditerranée au sud ;
  – l'océan Atlantique à l'ouest ;
  – la Manche et la mer du Nord au nord.
- Le **littoral** est l'ensemble des côtes bordées par une mer ou un océan

Page-indices

Dauphins en danger

du CE1 au CE2

Note ci-dessous les indices que tu as trouvés au cours de ta lecture.

Va vite te connecter sur le site

www.lenigme.com

pour nous envoyer tes indices, et tu pourras télécharger plein de cadeaux !

INDICE 1 câline est mysters son des dlongs

INDICE 2 sikatrise

INDICE 3 pour suivre mista

INDICE 4 l a v un gros orage

INDICE 5 agasse a un briquet

INDICE 6 castille a vu le daufin saigné

INDICE 7 Mojo

Bravo ! *Tu as trouvé tous les indices !*

Table des matières

Chapitre 5 Une terrible nuit

Chapitre 6 Le retour des naufragés

Chapitre 7 Bébés dauphins en détresse

N° d'éditeur : 10297087 / 853414 – Dépôt légal : Avril 2024
Achevé d'imprimer en Février 2024 par BONA à Turin en Italie

L'ÉNIGME DES VACANCES

Choisis ton univers dans la collection

ESCAPE GAME

Au muséum d'histoire naturelle • CE2-CM1
Sur l'île maudite • CM1-CM2
À bord du bateau pirate • CM2-6e
Au sommet de la tour Eiffel • 6e-5e
Dans les galeries du Louvre • 6e-5e
Dans le château hanté • 5e-4e
Dans le secret de la pyramide • 5e-4e
Dans les allées du cimetière • 4e-3e

ANGLAIS

The Refuge in Danger • 6e-5e
The Captain is Missing! • 5e-4e
Operation Blue Lagoon • 5e-4e
Murder in West Park • 4e-3e
The Mark of the Vampire • 4e-3e
The Wizards' Night • 4e-3e

ENQUÊTE

Panique chez les pandas • CP-CE1
Dauphins en danger • CE1-CE2
Piégés chez les dinosaures • CE2-CM1
La menace des loups-garous • CM1-CM2
La maison de la peur • CM2-6e

Histoire à podcaster sur le site www.lenigme.co